To order additional copies of this book, contact:
Xlibris
1-888-795-4274
www.Xlibris.com
Orders@Xlibris.com

ISBN: 978-1-6641-2010-5 (sc)
ISBN: 978-1-6641-1983-3 (e)

Print information available on the last page

Rev. date: 07/29/2020

La bruja lee y escribe de...
cosas de una casa.

Dedicado a ...

todos los padres que leen con sus hijos,

y les dan algo más que una casa.

- En el cuarto del bebé solo hay una cuna.

- No está bien, le falta...

- En el cuarto de mi hermanito solo hay una cama.

- No está bien, le falta...

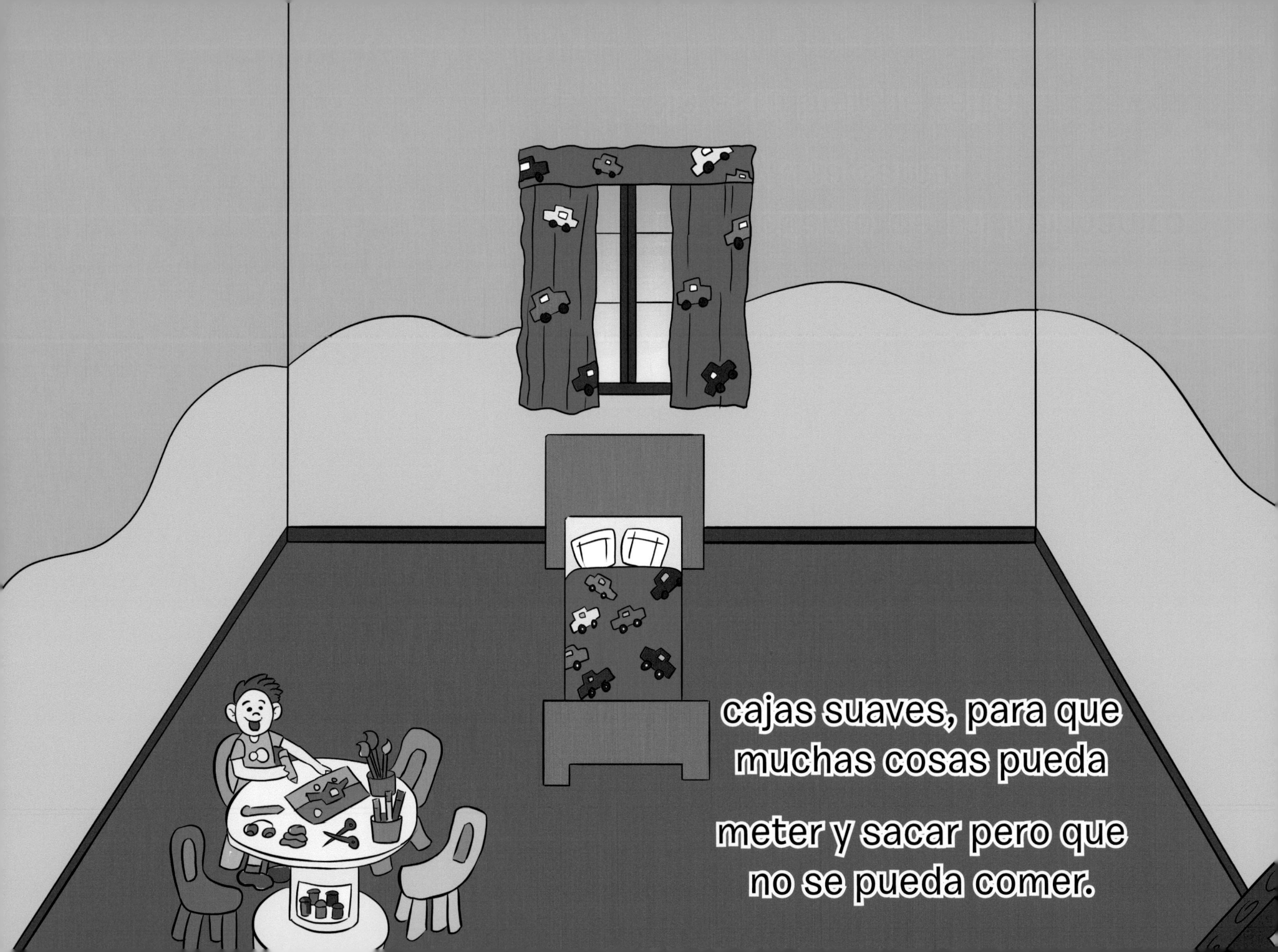

cajas suaves, para que muchas cosas pueda meter y sacar pero que no se pueda comer.

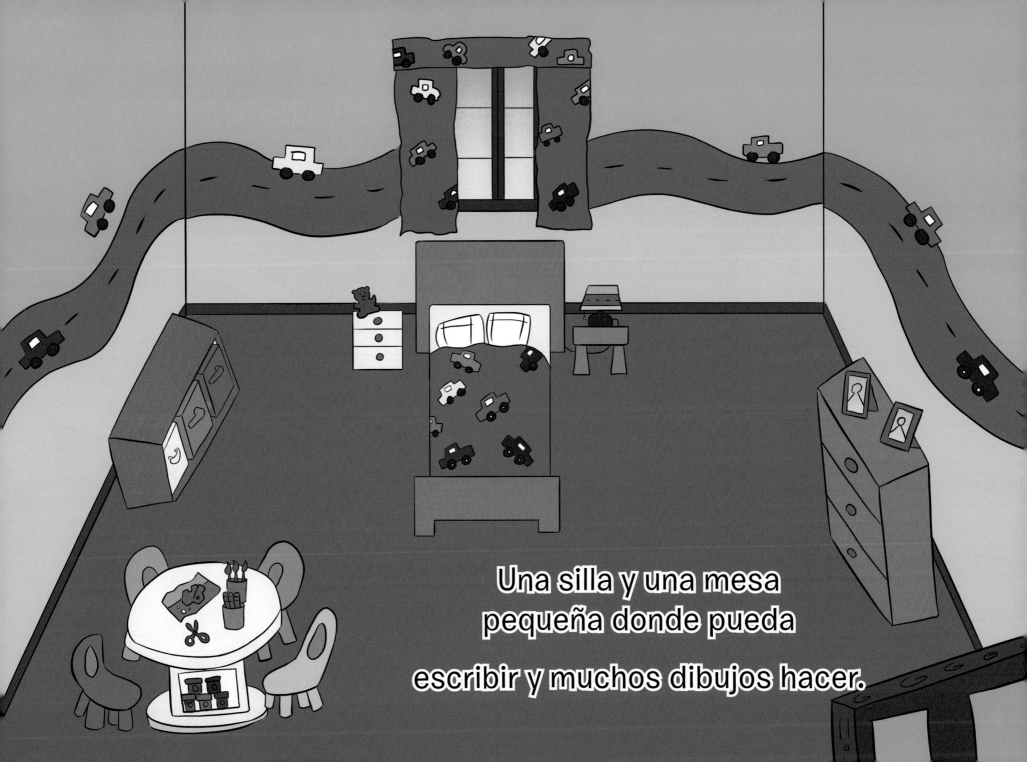

Una silla y una mesa
pequeña donde pueda

escribir y muchos dibujos hacer.

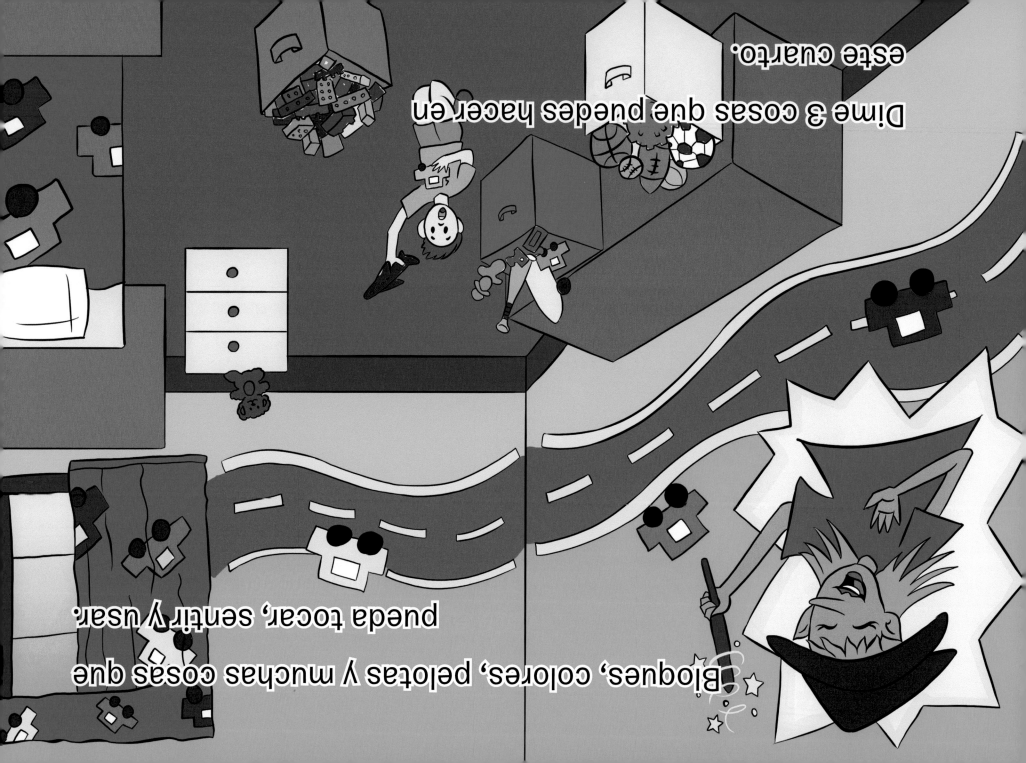

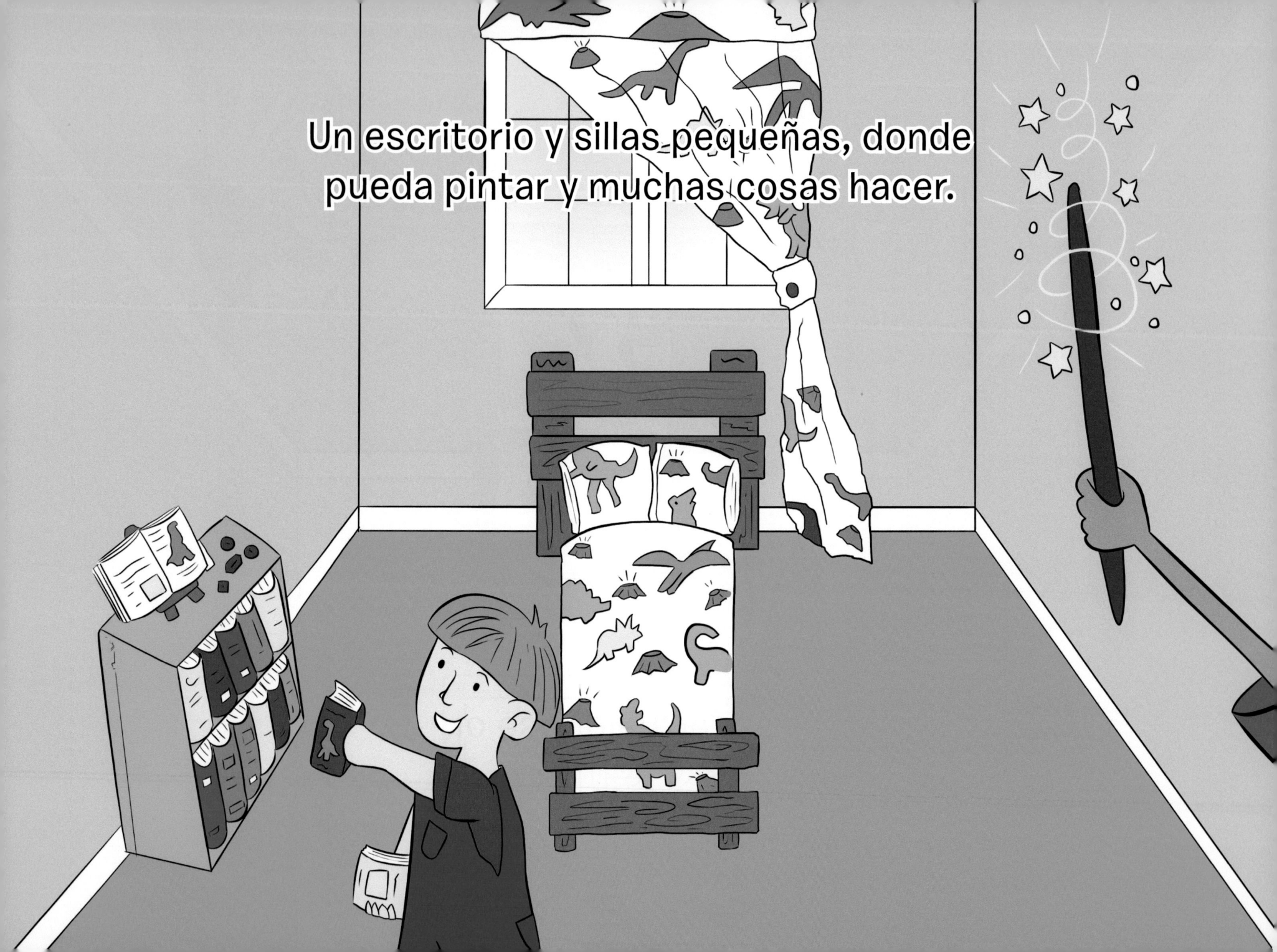

Un escritorio y sillas pequeñas, donde pueda pintar y muchas cosas hacer.

Una alfombra o tapete suave, donde, en cualquier posición, se pueda poner a leer.

Un librero, donde sus libros pueda acomodar y tener.

Muebles y cajas pequeñas y suaves donde sus juguetes y cosas preferidas pueda poner.

Y tú, ¿cómo ayudas a limpiar tu cuarto?

Una ventana con mucha luz, con un jardín que pueda mirar.

Un closet y libreros que yo solo pueda organizar.

En el cuarto de mi prima,quien ya tiene 14, solo tiene una cama y un buró

No está bien, le falta...

Un escritorio práctico donde sus tareas y proyectos en la computadora pueda trabajar.

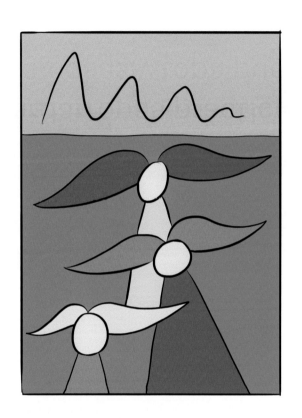

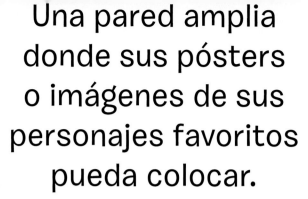

Una pared amplia donde sus pósters o imágenes de sus personajes favoritos pueda colocar.

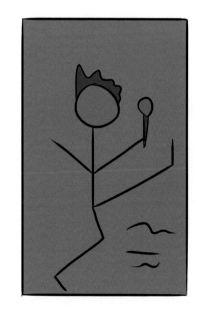

ENERO

	1	⊟ 2	3	4	5	≈ 6
7	8	9	≡ 10	11	⊟ 12	13
14	15	16	17	18	19	20
21	22	23	24	25	26	27

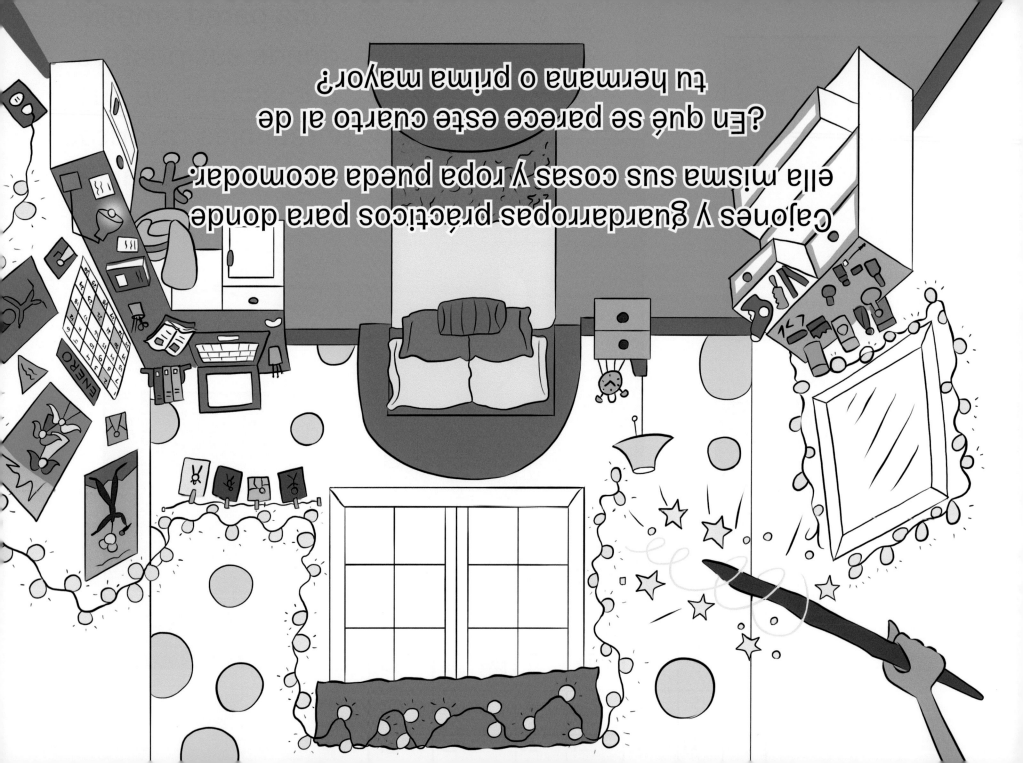

¡Una casa así se ve mucho mejor!

Printed in the United States
By Bookmasters